AF340527

LETTRE

A M. DE BOURRIENNE.

LETTRE

A M. DE BOURRIENNE,

SUR

QUELQUES PASSAGES DE SES MÉMOIRES

RELATIFS A LA MORT

DU DUC D'ENGHIEN.

PAR LE BARON MASSIAS,

ANCIEN CHARGÉ D'AFFAIRES DE FRANCE PRÈS LA COUR
DE BADE.

*Ne quid falsi audeat, ne quid veri
non audeat dicere.*

L'historien ne doit dire que ce qui
est vrai; il doit dire tout ce qui
est vrai.

Prix : 1 fr.

———⊸⊶000⊷⊷———

PARIS,

IMPRIMERIE DE A. FIRMIN DIDOT,

RUE JACOB, N° 24.

1829.

LETTRE

A M. DE BOURRIENNE,

SUR

QUELQUES PASSAGES DE SES MÉMOIRES RELATIFS
A LA MORT DU DUC D'ENGHIEN.

Paris, 15 août 1829.

MONSIEUR LE MINISTRE D'ÉTAT,

On ne m'a remis que ce matin le cinquième volume de vos Mémoires, dont j'ai commencé la lecture par les vingt-unième et vingt-deuxième chapitres, qui renferment les causes de la mort du duc d'Enghien et les circonstances de ce funeste événement. Comme vous citez mon témoignage à l'appui de votre jugement, il m'importe de bien préciser mes opinions à cet égard, non certes pour atténuer l'horreur d'une telle action, mais pour ne point rendre odieux au-delà de ce que la justice exige, l'homme que vous et

I

moi et tant d'autres avons servi, et devant qui l'Europe s'est prosternée après cet horrible attentat. Vous dites :

« L'histoire n'attribuera donc pas cet holo-« causte, ni au hasard, ni à un zèle criminel, ni « aux intrigues d'alors.... elle n'y verra qu'un acte « d'une délirante ambition et d'une politique sau-« vage et barbare qui se permet tout. » *Mém.*, tom. V, page 317.

S'il est vrai, 1° que Bonaparte ait été trompé par le rapport de ses polices ; 2° si on lui a laissé ignorer la conduite inoffensive du prince ; 3° si on lui a persuadé qu'il était à Ettenheim avec le général Dumouriez et son état-major, et qu'à la même époque existait dans le grand-duché de Bade un rassemblement d'émigrés armés, *alors il faudra attribuer ce déplorable holocauste à autre chose qu'à une ambition délirante, et à une politique sauvage et barbare qui se permet tout ;* il faudra faire la part des conseils perni-cieux, des informations frauduleuses, et des dé-ceptions habilement combinées. Or, je crois pou-voir donner pour certains le premier et le troisième des faits que je viens d'indiquer, et le second comme très-vraisemblable.

1ᵉʳ FAIT. *Bonaparte a été trompé par ses po-lices.* Le succès de Méhée de La Touche, qui, à

Munich, avait si utilement pour lui et si habilement mystifié l'Anglais Drake, mit ses pareils en goût de ces mystifications lucratives. Étant sur les lieux, je fus à portée de voir les autorités françaises des bords du Rhin s'évertuer à découvrir et à arranger des complots. Aucune, sans doute par crainte de perdre le fruit de la priorité d'invention, ne s'adressa à moi pour avoir le fil de ces trames, bien que rien ne fût plus naturel et plus convenable. Ces spéculateurs politiques avaient déja disposé de ma place ; j'ai connu celui qu'ils avaient destiné à être mon successeur. Dans l'audience que j'eus de Napoléon à Aix-la-Chapelle, je le vis frappé de surprise lorsque je lui dis, qu'à l'époque où l'on parlait d'un rassemblement d'émigrés dans le grand-duché, j'étais allé à Strasbourg pour désabuser et rassurer M. le préfet Shée. Il s'écria à plusieurs reprises : *Vous êtes allé à Strasbourg, vous avez averti M. Shée!* Ces exclamations me firent tenir pour certain qu'on le lui avait caché, et que ma négligence avait servi à faire ressortir le zèle des dénonciateurs.

2e FAIT. *On a laissé ignorer à Bonaparte la conduite inoffensive du prince.* Je vous fais juge, Monsieur, du degré de vraisemblance de cette assertion. Dans les lettres, qu'en ma qualité de chargé d'affaires, j'adressai antérieurement et postérieurement à l'horrible catastrophe, et desquelles il est facile de vérifier le contenu, si on ne les a fait disparaître, puisqu'elles étaient toutes numérotées, je rendis compte au ministre des affaires étrangères de l'insignifiance des intrigues de quelques émigrés qui se trouvaient dans ma légation, de la résidence du duc d'Enghien à Ettenheim, des motifs qui l'y retenaient, et de la vie paisible qu'il y menait. Quoique ces objets eussent fait la matière de plusieurs de mes dépêches, lorsque je fus à Aix-la-Chapelle devant Bonaparte, il me parla comme si je n'avais fait aucun rapport au sujet du prince et des émigrés. Je sais bien qu'on peut dire que c'est lui qui aura voulu qu'on détruisît mes lettres, et qu'il aura feint devant moi d'en ignorer le contenu. Mais voici un fait qui semble démontrer que bien réellement on lui avait caché ou dissimulé les rapports que j'envoyais. Un des griefs qui m'avaient fait mander était d'avoir épousé une proche parente de la baronne de Reich, accusée d'intrigues avec les émigrés. Prévenu de cette inculpation, j'avais envoyé au ministre un certificat bien en règle constatant que ma femme ne tenait à cette dame par aucun degré de parenté, et cependant on avait laissé ignorer à l'empereur l'existence de ce certificat; car le

(5)

premier reproche qu'il m'adressa fut celui de mon mariage. Était-ce ruse de sa part? était-ce un jeu concerté entre lui et son ministre? Ce qui me donne à penser le contraire, c'est le peu de satisfaction que celui-ci eut de mon audience, à laquelle il assistait.

3ᵉ FAIT. *On lui a donné comme réelle la présence, à Ettenheim, du général Dumouriez avec son état-major, et d'un rassemblement armé d'émigrés dans le grand-duché de Bade.* Ces faits sont prouvés par les journaux, par le Moniteur de l'époque, et les reproches que m'adressa à ce sujet Napoléon. La machine infernale, l'arrestation de Georges et de ses complices, n'avaient pas dû le confirmer médiocrement dans l'idée qu'il y avait eu un foyer de conspiration dans le grand-duché.

Si, maintenant, les faits précités sont vrais dans leur totalité, ou leur presque totalité, doit-on purement qualifier le déplorable événement de *délirante ambition*, de *politique sauvage et barbare qui se permet tout?* Tout y est-il pour une ambitieuse cruauté, et rien pour l'erreur? N'y a-t-il pas eu intrigues perfides, zèle criminel dans la soustraction et la falsification d'aussi importants renseignements? Napoléon persuadé, ou faisant semblant d'être persuadé de leur vérité et de leur exactitude, n'était-il point autorisé, envers ceux au moins qui les avaient envoyés, à en appeler pour sa justification, comme il le faisait à Sainte-Hélène, *au droit de défense naturelle et de haute politique?* S'il eût pu avoir connaissance de vos Mémoires, il n'aurait point manqué de s'appuyer sur ce que vous dites, tom. V, page 230 : « Je dirai franchement qu'après tout « ce dont j'ai été témoin, je ne crois que bien « peu à la possibilité d'une alliance entre la mo- « rale et la politique. » Non, le crime n'est jamais politique ; ce que Bonaparte nommait *haute politique* n'est que de la haute iniquité ; toute politique qui viole la morale est fausse et détestable, et tôt ou tard elle porte pour ceux qui la pratiquent des fruits aussi empoisonnés que ses principes. Lui-même il n'a eu des succès réels et durables, il n'a été véritablement grand, que lorsque ses actions ont été conformes à la moralité, et il est très-probable que les premières dispositions pour son voyage de Sainte-Hélène datent de la matinée du 21 mars 1804. Pour terminer sur ce point incident, songeons à la politique et à la mort de l'empereur Alexandre et à celles de lord Castlereagh.

Votre récit, d'ailleurs si intéressant et si véridique, m'a laissé une chose à désirer : vous auriez dû nous dire, et personne ne le pouvait mieux que

vous, s'il est vrai, s'il est probable que Bonaparte ait commis le crime tout seul, de son pro-
pre mouvement, et sans être poussé et confirmé
dans sa résolution par des conseillers perfides et
intéressés. On lit dans vos Mémoires, tom. VI,
page 18 : « La date du 9 mars se rapporte à la
« veille du jour où s'assembla le conseil dans le-
« quel Bonaparte décida du sort du duc d'En-
« ghien. » Il y eut donc conseil tenu dans cette
fatale occasion. Quels sont les personnages qui
y furent appelés et qui y assistèrent ? Vous dites
que Bonaparte y *décida du sort du duc d'Enghien*. Mais décida-t-il seul ? Ne pourrait-on sa-
voir les votes de tous, comme vous avez fait
connaître celui de Cambacérès ? En montrant
qu'il fut seul de son avis, et en faisant peser sur
lui, s'il la mérita, toute la responsabilité, vous
feriez honneur à votre sévère impartialité histo-
rique ; en la faisant, s'il y a lieu, partager par
des complices qui auraient voté comme lui, vous
allégeriez sa culpabilité, et vous rendriez hommage à une ancienne et grande amitié.

Voici une réflexion qui semble prouver qu'il
n'a pas été seul de son avis pour condamner le
prince infortuné. Si, en effet, dans le conseil
du 8, les conseillers présents avaient été una-
nimes pour rejeter le projet de son arrestation
et de sa condamnation, Bonaparte n'aurait pu

adresser à Cambacérès le reproche que vous dites qu'il lui fit, d'être *devenu* avare du sang des Bourbons. On n'adresse pas à un seul ce qui est commun à tous; le reproche n'aurait eu rien d'amer, si chacun l'avait mérité. Notez encore que le vote de Cambacérès n'est qu'une demi-absolution, car il veut qu'on tende un piége au prince pour le prendre en flagrant délit. Il faut qu'il y ait eu des votes plus positifs et plus entiers que celui-là, pour que, leur étant comparé, il ait attiré le sanglant sarcasme sur son auteur. Si ce vote eût été le plus fort de tous, l'animadversion du premier consul se serait tournée contre ceux qui en auraient émis un plus doux et plus modéré. Disons donc qu'il est très-probable que Bonaparte n'est pas le seul coupable dans cette condamnation.

Quant à moi qui me fais une sorte de scrupule de juger avec équité, mais non au-delà de l'équité, cet homme colossal, j'ai acquis sur les lieux la certitude qu'il avait été égaré par des rapports mensongers suggérés par l'intérêt de ces êtres vils qui, pareils à des reptiles venimeux, naissent de la corruption des grandes civilisations ; rapports dont la sagacité de son génie aura d'abord vu le côté favorable à son ambition démesurée, et que malheureusement il aura fait tourner à ses vues. Son crime, ainsi ou autrement expliqué, est tou-

jours horrible, mais il est moins odieux; en le
considérant sous cet aspect, on se pardonne et
l'on se console plus facilement d'avoir admiré un
ambitieux égaré qu'un calculateur sanguinaire.
Au reste, quelques circonstances atténuantes
qu'on invoque en sa faveur, de quelques cou-
leurs qu'on adoucisse la noirceur de son attentat,
il en restera au moins sur sa mémoire la tache
ineffaçable de la violation du territoire étranger,
et la condamnation à mort sans jugement d'un
prince innocent, ou, ce qui est plus atroce encore, sa condamnation par suite d'un jugement
dicté et commandé d'avance, et dont il fallut
faire en le corrigeant une seconde version.

J'en étais à cet endroit de ma lettre, lorsque
l'interrompant pour continuer la lecture de votre
sixième volume, je suis arrivé à l'audience que
vous donna l'empereur le 14 juin 1804. J'ai été
frappé de ce qu'il vous dit et de ce que vous lui
répondîtes au sujet du duc d'Enghien qu'il dési-
gnait sans le nommer. « Encore, si c'était la seule
« grande faute qu'ils m'eussent fait commettre !
« — Sire, comme vous avez été trompé !... »
Vous convenez donc qu'il a été trompé dans cette
sinistre condamnation, et que, contrairement à
vos premières assertions, il y a eu menées perfides, zèle criminel, intrigues d'alors. En ne dé-
signant pas, si vous les connaissez, ceux qui ont

composé le conseil du 8 mars, et qui lui ont fait commettre cette *grande faute,* vous laissez quelque doute sur l'entière sincérité de cette partie importante de vos Mémoires : en qualité d'historien, en qualité d'ancien serviteur et ami de Napoléon, vous êtes tenu de confirmer ou d'infirmer les paroles que vous adressait Joséphine : « Vous qui le connaissez, Bourrienne, « vous savez qu'il n'est pas méchant ; ce sont ses « conseillers et ses flatteurs qui lui font commet- « tre de vilaines actions. »

Je terminerai cette lettre par une observation sur un autre passage de vos Mémoires relatif à l'auguste victime ; vous me rendrez justice si vous pensez que cette observation est uniquement dictée par le désir de bien connaître la vérité dans une affaire qui s'adresse à toutes les sympathies, et qui commande spécialement mon intérêt, les circonstances ayant voulu que je n'y fusse pas étranger. Je ne prétends ni appuyer ni contredire les faits que vous rapportez, j'en cherche seulement l'explication. On lit, tome V, page 304 : « M. de Talleyrand fit prévenir ce « prince, par une femme qui était près de lui et « dont il était amoureux, de se tenir sur ses « gardes et même de s'éloigner. . . . . A-t-on des « doutes ? voici d'autres faits : ce fut le chevalier « Stuart qui écrivit à M. de Cobentzel pour lui

« demander un passe-port pour le duc d'Enghien. »
Si le prince, ainsi que vous le dites, a été prévenu, comment s'est-il fait que ni lui ni aucun
de ses fidèles serviteurs n'aient été sur leurs
gardes lors de l'arrivée à Ettenheim du détache-
ment français venu pour le saisir? Pourquoi y
resta-t-il, après les soupçons surtout que, la
veille de son arrestation, excita l'apparition des
gendarmes déguisés Charlot et Pferdsdorff? Pourquoi au moins ne pas avoir placé des personnes
pour veiller et l'avertir en cas d'événement? Né-
gliger à ce point de profiter d'un avis aussi capital
et venant d'une aussi haute source est, vous en
conviendrez, un inconcevable aveuglement. D'où
vient le silence gardé sur cet avis par la princesse
qui l'avait reçu, par celui qui l'avait porté, et
par ceux à qui, pour l'utiliser, on avait été forcé
de le communiquer? Je conçois que durant la
puissance de Napoléon, on n'ait pas voulu com-
promettre l'auteur d'un tel service ; mais après
le retour des Bourbons, n'était-ce pas devoir,
devoir impérieux de proclamer de dessus les
toits le nom de celui qui avait donné à leur
famille cette preuve d'attachement? Quant au
passe-port demandé par le chevalier Stuart, il est
jusqu'à un certain point étonnant que, pour une
affaire qu'on ne pouvait que trop malheureusement juger instante, on ait de Paris demandé à

Vienne un passe-port qui devait revenir à Ettenheim, tandis qu'il y a moins de vingt lieues d'Ettenheim à Carlsruhe, où les ministres de Suède,
de Prusse, d'Autriche et de Russie se seraient
empressés de donner un passe-port au prince,
soit en son nom, soit sous un nom supposé, et
lui auraient offert chacun dans leur hôtel un
asile inviolable. Il serait trop minutieux de vous
faire observer qu'en disant *voici d'autres faits*
vous avez donné à entendre plusieurs faits, et
que cependant vous n'en rapportez qu'un seul,
celui du passe-port demandé et tardivement ac-
cordé. Pour s'assurer de la vérité sur ce point,
il faudrait s'adresser au ministre de S. M. Bri-
tannique ou à M. de Metternich; mais il n'est que
trop évident, que lors même qu'ils donneraient le
certificat le plus authentique, ceux qui auraient la
meilleure disposition à y croire, auraient bien
de la peine à y ajouter foi : tel est l'inconvénient
des vérités officielles. Mais ce qui résulte invin-
ciblement de la citation que j'ai faite, et d'autres
passages de vos Mémoires, c'est que le dessein
d'attenter à la liberté et à la vie du prince était
bien connu d'avance, et qu'il aurait été sauvé
s'il eût été averti à temps.

Ou ce fut postérieurement au 8 mars, jour
dans lequel, suivant vos Mémoires, Napoléon
arrêta le sort du duc d'Enghien, que fut demandé

le passe-port en question, et alors il n'y a pas lieu d'accuser la lenteur du cabinet autrichien, qui, le 15, jour de l'arrestation, ne pouvait même en avoir reçu la demande; ou cette demande fut faite antérieurement, et alors, d'après les retards éprouvés ou présumables de la chancellerie de Vienne, la résolution du conseil du 8 une fois connue, ceux qui avaient demandé le passe-port et donné l'avertissement lorsque le danger était éloigné, ne devaient-ils pas aussitôt envoyer quelqu'un en poste, qui, arrivant le 12 ou le 13, aurait averti et sauvé la victime désignée? Si, par ce moyen, le prince eût échappé, combien grand eût été le mérite de M. de Talleyrand, en se compromettant aussi étrangement envers l'empereur! C'eût été un acte sublime de dévouement; mais l'héroïsme n'est pas de devoir.

J'ai l'honneur, Monsieur le Ministre d'État, de vous offrir l'hommage des sentiments de ma haute considération.

LE BARON MASSIAS.

TABLE

DES MATIÈRES.

FIN DE LA TABLE.

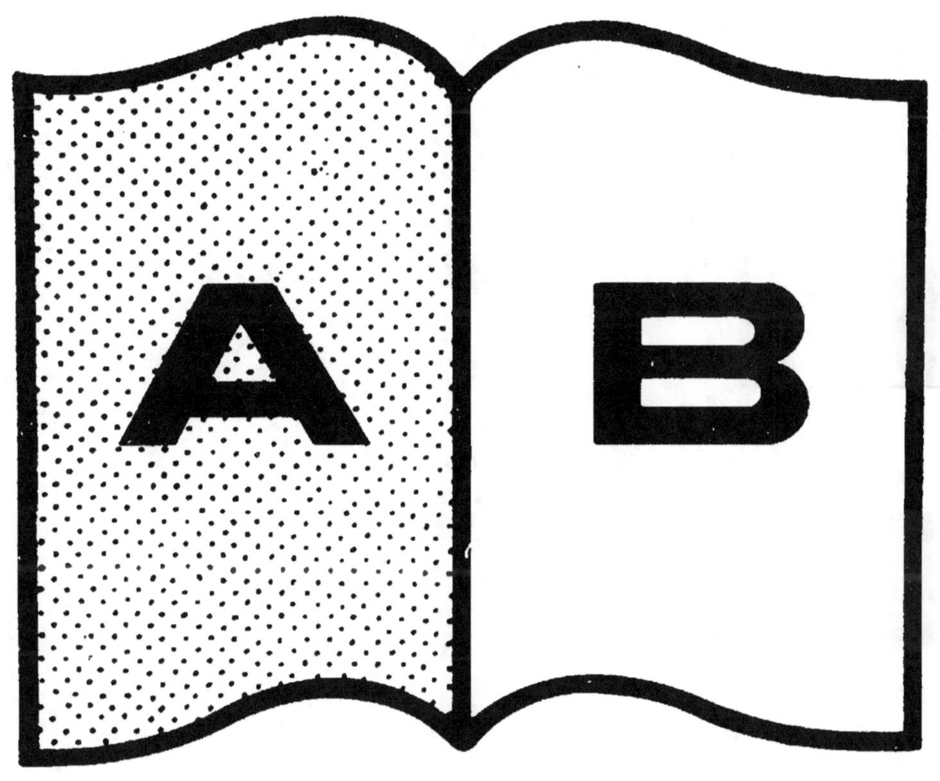

Contraste insuffisant

NF Z 43-120-14